추천의 글

*R. 앨버트 몰러 주니어*R. Albert Mohler Jr.

남침례신학교 총장

그리스도인은 매우 실제적인 질문으로 고심한다. 성경이 권하는 교회 공동체는 어떤 모습이고, 이상적인 예배는 어떤 형태를 취해야 하는가? 성경적인 사역은 무엇이고, 성경이 정의하는 리더십은 무엇인가? 이런 질문은 9Marks 선교회의 '교회 질문' 시리즈가 명확하고도 신중한 답변을 제시하는 여러 질문의 일부일 뿐이다. 이 사역이 신실한 교회에서 놀랍도록 건강하고 긍정적인 영향을 미치고 있다는 사실에 참으로 감사하다. 이 책을 적극 추천한다.

글로리아 퍼먼 Gloria Furman

『선교적 모성』(Missional Motherhood), 『목사의 아내』(The Pastor's Wife) 저자

진지한 의문들은 깊은 숙고를 거친 답변이 필요하다. 이런 질문들의 답을 알고 싶지만 어디서 시작해야 할지 모르겠다면, 이 책이 그 답을 찾는 길잡이가 되어줄 것이다. 이 책은 명쾌하고, 적절한 핵심을 제시해주며, 혼자 읽든 공동체가 함께 읽든 아주 유용하다.

후안 R. 산체스 *Juan R. Sanchez*

텍사스주 오스틴 하이 포인트 침례교회 담임목사

목회자인 나는 수많은 질문을 받는다. 복음을 이해하려고 씨름하는 불신자의 질문을 받을 때도 있고, 이제 어떤 단계로 나아가야 할지 고민하는 새신자의 질문을 받을 때도 있다. 또한 그리스도인 가족, 친구, 이웃, 동료의 의문을 풀어주고 싶은 성숙한 신자의 질문을 받을 때도 있다. 그들의 질문을 받을 때마다 나는 이런 주제를 간단히 정리한 책의 도움을 받아 그들에게 답해주고, 올바른 방향을 향해 숙고하며 나아가도록 이끌어주면 좋겠다고 안타까워할 때가 한두 번이 아니었다. '교회 질문' 시리즈는 바로 이 문제를 해결해준다. 각 책은 한 가지 질문을 간결하면서도 성경적이고 실제적으로 다룬다. 이 시리즈의 이름이 '교회 질문'이지만 '교회의 대답' 시리즈라고 해도 모자람이 없다. 앞으로 꾸준히 책을 구매해서 교인들에게 나누어줄 작정이다. 이 책을 읽고 있는 당신도 그럴 것이라 생각한다.

레이 오틀런드 *Ray Ortlund*

리뉴얼 미니스트리 대표, 『복음』(The Gospel, 부흥과개혁사) 저자

우리 그리스도인들은 교회의 공동체 생활에 관한 질문이 생길 때 어디에서 신뢰할 만한 대답을 얻을 수 있는가? 비싸고 두꺼운 책을 읽고 파헤치는 수고를 하지 않고도 말이다. 이 짧은 책은 성경적이고 실제적이며 사려 깊은 대답으로 이런 필요를 채워준다. 목회자에게 이 책은 교인들이 더 깊은 지혜와 연합으로 나아가도록 이끌어줄 귀중한 안내서가 될 것이다.

교회에서 받은 상처,
어떻게 해야 할까?

상처받은 감정과
그리스도인의 반응

대니얼 밀러
지음

김진선
옮김

What If I've Been Hurt by My Church?

Published by Crossway, a publishing ministry of Good News Publishers, Wheaton, Illinois 60187, USA.

Published by arrangement with Crossway through rMaeng2, Seoul, Republic of Korea.

교회에서 받은 상처, 어떻게 해야 할까?

1쇄 발행　2025년 11월 14일
지은이　대니얼 밀러
옮긴이　김진선
펴낸이　고종율
펴낸곳　(주)도서출판 디모데〈파이디온선교회 출판 사역 기관〉
등록　2005년 6월 16일　제319-2005-24호
주소　서울특별시 서초구 서초대로 141-25(방배동, 세일빌딩)
전화　마케팅실 070) 4018-4141
팩스　마케팅실 02) 6919-2381
홈페이지　www.timothybook.com
ISBN　978-89-388-1724-2 (02230)

교회에서 받은 상처,
어떻게 해야 할까?

상처받은 감정과
그리스도인의 반응

대니얼 밀러
지음

김진선
옮김

“너희가 부르심을 받은 일에

합당하게 행하여…사랑 가운데서 서로 용납하고

평안의 매는 줄로 성령이 하나 되게

하신 것을 힘써 지키라.”

_에베소서 4장 1-3절

차례

들어가는 말

성장하는 성도들로 가득 찬 건강한 교회는 바라보기만 해도 숨이 멎을 듯 가슴이 벅차오릅니다. 하나님은 교회가 그분의 백성을 믿음 안에서 보호하고 건강하게 성장시키도록 계획하셨습니다. 교회가 이 소명을 제대로 감당한다면, 그리스도 안에서 영적으로 하나 된 형제자매는 이 아름다운 선물을 풍성하게 누릴 수 있습니다.

그런데 다른 한편으로 교회는 성도들에게 상처를 줄 수도 있습니다.

하나님이 교회를 향해 영광스러운 뜻을

세우셨지만, 구원받은 사람들이 모인 공동체와 맺는 관계 속에서 우리는 혼란을 느낄 수 있습니다. 배신감과 환멸을 느끼거나, 심지어 그보다 더 심각한 경험을 할 수도 있습니다. 다음과 같이 말한 찰스 스펄전의 심정을 십분 공감할 수도 있습니다. "육신은 상처를 받아도 그 한계가 분명하다. 하지만 영혼은 수만 가지 방식으로 피를 흘릴 수 있고, 매 시간 몇 번이고 죽임당할 수 있다."†

교회에서 사람들과의 관계 때문에 상처받는 경우가 적지 않습니다. 비난하고 헐뜯거나 이기적으로 결정을 내리는 교인들 때문에 상처받을 수 있습니다. 한때는 그렇게 따뜻하게 대해주었던 교회 가족들에게 마치 투명 인간이 된 것처럼 외면당한다는 생각이 들 수도 있습니다. 한결같이 신뢰를 보여주던 사역자가 뚜렷한 이유도 없이

† Charles Spurgeon, *The Treasury of David*, 2 vols. (1869; repr., Nashville: Thomas Nelson, 1984) 2:3. 『설교의 황제 스펄전의 시편강해』(생명의 말씀사).

신뢰를 거두어들일 수도 있습니다. 목사님이 냉랭하게 나를 무시하는 것 같을 수도 있습니다. 예전에는 아무 망설임 없이 장로님들을 신뢰했지만, 이제 그들의 행동이 의심스럽고 미덥지 못합니다.

교회 사역 때문에 상처를 받을 때도 있습니다. 교회의 우선순위가 바뀌어서 지금까지 예수님을 헌신적으로 섬긴 노력이 뿌리째 부정당하는 느낌이 들 수도 있습니다. 아무리 항의해보아도 목사님이 고집스레 포기하지 않는 사역이 있습니다. 교인들에게 많은 사랑을 받던 선교사에 대한 교회의 재정 지원이 중단되기도 합니다. 열매를 맺던 복음의 파트너십이 쓰디쓴 부작용만 남긴 채 파국에 이를 수 있습니다. 눈살이 찌푸려질 정도로 교회 재정의 어려움을 강조해서 마음이 상할 수 있습니다. 교회가 지금까지 고수하던 방식을 갑자기 바꾸어서, 그리스도를 부정하는 정도는 아니지만 교회가 견지해온 가치와 전통을 부정하게 되어 충격을 받을 때도 있습니다. 전에는 다 함께 모여 뜨거운 영적 분위기 속에서 영혼의 기쁨을 누리는 예배를 드렸지만, 이제 예배를 위해 모이는 것 자체가 고통스러운 지경이 되었을 수 있습니다.

오래 사역했든 아니든, 교회에서 교제하며 섬긴 적이 있는 모든 사람은 관계 때문에 찾아오는 고통에 대해 잘 알고 있습니다. 아마 그들은 복합적으로 얽힌 관계 문제와 관련하여 보거나 경험한 수많은 사례를 읊을 수 있을 것입니다.

이 모든 고통과 괴로움 속에서 우리는 모든 것을 충족할 하나님 말씀의 지혜, 성령님의 사역, 성도를 세우는 그리스도의 몸 된 교회의 지원 안에서만 소망을 발견할 수 있음을 기억해야 합니다.

이 책을 시작하는 시점에서 명확히 해야 할 한 가지가 있습니다. 영혼이 파괴될 정도로 악랄하게 권력을 휘두르는 교회 지도자와 그들에게 성적으로나 영적으로 착취당해서 극심하게 고통받는 성도들이 있다는 것입니다. 이 책에서 그런 문제들을 다루지는 않을 것입니다. 그와 같은 상황에 처한 사람들이 어둠의 골짜기를 지나갈 때, 이 책을 읽고 힘을 얻어 다시 설 수 있기를 기대합니다. 하지만 이 책에서는 그런 고통의 문제를 직접 다루지는 않을 것입니다.

이 책은 낙담하고, 잘못된 판단을 내리고, 관계로 상처 입어 괴로워하는 교인들을 위해 쓰였습니다. 또한 그런 지체들을 돕고 싶은 사람들을 위한 책이기도 합니다.

따라서 이제 다룰 문제는 명확하면서도 까다롭습니다. '그리스도의 몸 된 교회 때문에 혼란과 좌절이 찾아오고 마음에 상처를 입었을 때, 하나님의 말씀은 어떻게 반응하라고 가르치는가?' 하는 문제입니다.

앞으로 이 문제에 대한 답이 무엇인지 확인해볼 것입니다. 먼저, 지역 교회에서 불가피하게 경험할 낙심과 좌절과 상처를 어떻게 대비해야 할지 알아볼 것입니다. 그다음에는 그런 일을 실제로 겪을 때 어떻게 반응해야 할지 살펴볼 것입니다. 마지막으로, 좌절과 상처로 멍든 우리 마음을 어떻게 보살펴야 할지 살펴볼 것입니다.

1.

교회에서 받을 상처에 대비하기

우리는 타락한 세상에서 살아가고 있습니다. 교회 생활은 더없이 아름답고 경이롭지만, 하나님의 백성이 죄의 결과에서 완전히 구원받은 것은 아닙니다. 그러므로 교회 생활에 대한 기대를 그에 맞추어 조절하는 방법을 배워야 합니다. 교회 생활 중에 겪을 수밖에 없는 낙심과 상처에 대비하기 위해 바로 지금 인정해야 하는 네 가지 사실을 살펴봅시다.

첫째, 교회 안의 모든 관계는 궁극적으로 예수 그리스도의 영광을 목적으로 둡니다. 그리스도를 주와 구주로 높이고자 하는 열정, 다시 말해 성령님이 주시는 열정에 사로잡혀 있을 때는 힘들고 어려운 관계를 만나도 그분이 요구하시는 화해의 사랑을 실천하고자 힘써 노력할 것입니다. 그리스도의 영광을 높이고자 하는 뜨거운 열정이 우리의 마음을 지배해야 합니다. 우리를 엉뚱한 방향으로 끌고 가는 육신의 욕망을 넉넉히 이길 수 있도록 말입니다. 고통당할 때 절대 자기 자신에게 집중해서는 안 됩니다. 궁극적으로 중요한 것은 그리스도가 죽으심으로 구속하신 교회 안에 드러난 그분의 영광뿐입니다.

교회에서 그리스도의 영광보다 상처 입은 나의 감정이 더 중요해질 때, 관계는 죄로 물들어 파탄에 이를 수밖에 없습니다. 그리스도인이라면 절대 상처 입은 감정이 자신을 지배하게 두어서는 안 됩니다. 그 대신 모든 생각과 말과 태도와 열망이 예수님을 높이도록 꾸준히 훈련해야 합니다. 감정, 특별히 상처 입은 감정에 지배당한 사람은 교회에 심각한 타격을 입힐 것입니다.

물론 감정이나 개인적인 위로보다 그리스도의

——— 교회에서 그리스도의 영광보다 상처 입은 나의 감정이 더 중요해질 때, 관계는 죄로 물들어 파탄에 이를 수밖에 없습니다.

영광을 중요하게 생각하기가 쉬운 일은 아닙니다. 자기중심적인 오늘날의 시대 문화는 자신을 가장 중요하게 생각하라고 가르칩니다. 특별히 고통 중에 있을 때는 자신의 감정을 가장 소중히 여기고 돌보라고 말합니다. 물론 우리의 감정을 억압해서는 안 됩니다. 뒤에서 살펴보겠지만 우리는 자신의 감정을 있는 그대로 인정하고 정직하게 다루는 법을 배워야 합니다. 하지만 그 과정에서 절대 더 중요한 뜻을 망각해서는 안 됩니다. 그것은 바로 그리스도께 영광을 돌리고 그분의 나라를 높이는 것입니다. 어떤 고통이 찾아와도, 심지어 교회 안에서 고통을 겪더라도 그리스도의 교회에 그분의 영광이 드러나기를 무엇보다 더욱 간절히 바라고 구해야 합니다.

둘째, 타락한 세상에서 인격적으로 상처받고 모독당하는 일은 피할 수 없습니다. 창세기 3장의 세계에 살고 있으니 사람들이 가하는 모든 상처를 무시하거나, 숙명론적으로 체념하라는 뜻은 아닙니다. 하지만 전형적인 정치인이나 대중 매체, 심리학자나 유명 인사나 일반 시민과 달리 우리 그리스도인은 인간 타락이 엄연한 현실임을 인정해야 합니다. 그러므로 타락이 우리 인생을 힘겹게 만들 수 있는 여러 가능성을 예상해야 합니다.

——— 오직 당신만이 특별히
고통당한다는 거짓말에 속아서는
안 됩니다. 결코 그렇지 않습니다.

사람들은 우리를 괴롭게 하거나 모독하며 죄를 지을 것입니다. 사람들의 말과 판단과 행동 때문에 우리의 숨이 끊어지지는 않겠지만, 감정이 상하고 다칠 것입니다. 이런 일이 일어나더라도 놀라서는 안 됩니다. 전혀 이상한 일이 아닙니다. 오직 당신만이 특별히 고통당한다는 거짓말에 속아서는 안 됩니다. 결코 그렇지 않습니다(고린도전서 10:13).

친구들과 여름휴가를 계획했다가 비가 와서 취소되었다 한들 심각한 낙심에 빠지지는 않습니다. 그런 일은 얼마든지 일어날 수 있음을 알고 있기 때문입니다. 혹여 실망한다고 해도 바로 계획을 조정합니다. 마찬가지로 죄인들이 죄를 짓는다고 절망할 필요는 없습니다. 연약한 사람들이 부적절한 행동으로 우리에게 부정적인 영향을 미친다고 좌절할 필요도 없습니다. 사람들의 잘못으로 고통당하는 것은 타락한 이 세상에서 늘 일어나는 당연한 일입니다. 이 사실을 전혀 몰랐던 것처럼 사람들의 행동에 반응할 필요가 없습니다.

물론 저주받은 세상에서 상처 입을 수밖에 없음을 인정한다고 해서 그 상처가 해결되지는 않습니다. 하지만 그로 인한 충격을 조금이나마 줄일 수 있습니다. 이러한 인정은 기대를 낮추고, 누군가가 우리 마음에 상처를 줄 때 생기는 분노나 충격의 낭떠러지에서 벗어나는 데 도움이 될 수 있습니다. 이 세상은 계속될 것이고, 우리는 다시 상처 입고 괴로워할 것입니다. 그러나 하나님의 은혜는 예수님이 실제로 우리의 구주이시고 영혼의 궁극적 기쁨이심을 드러내는 방향으로 우리의 여정을 이끌어줍니다. 공동체에서 죄의 문제와 맞닥뜨릴 때마다 그곳에 하나님의 은혜가 넘쳐흐른다는 사실을 기억하기를 바랍니다.

셋째, 우리는 상처로 고통을 겪으며 그리스도 안에서 성장할 수 있습니다. 이는 하나님이 주신 기회입니다. 질문을 하나 해보겠습니다. 곰곰이 고민해보고 답하기를 바랍니다. 성경 말씀에 비추어볼 때, 우리의 고통을 향한 하나님의 뜻은 무엇일까요? 하나님은 큰 계획 속에서 우리에게 고난을 주십니다. 하나님은 모든 일의 주권자이십니다. 예수님이 우리에게 고난을 주신 까닭은 마음의 분노를 폭발하거나, 보복하고, 험담하며, 우울에 빠지고, 자기 연민에 빠져 체념하며, 자존심이 상해서 남들과 거리를 두게 하기 위해서가 아닙니다.

그 대신 하나님은 허락하신 모든 것, 심지어 고난까지도 믿음을 자라나게 하는 수단으로 삼아 그분의 영광과 우리의 기쁨을 위해 사용하시겠다고 말씀으로 약속하셨습니다(로마서 5:3-5, 8:28-29, 히브리서 12:7-11, 야고보서 1:2-4). 이 약속은 세상에서 살아가며 겪는 불행뿐만 아니라 상처를 받을 때도 동일하게 적용됩니다.

넷째, 인간의 감정은 죄로 말미암아 쉽게 왜곡되고 변질됩니다. 감정 자체는 절대 악하지 않습니다. 감정은 하나님이 주신 좋은 선물입니다. 우리가 그 형상을 따라 지음받은 창조주는 매우

——— 하나님은 허락하신 모든 것,
심지어 고난까지도 믿음을 자라나게
하는 수단으로 삼아 그분의 영광과
우리의 기쁨을 위해 사용하시겠다고
약속하셨습니다.

다양하게 거룩한 감정을 표현하시고(창세기 6:5-6, 민수기 11:1, 시편 2:4, 호세아 11:7-9, 스바냐 3:17, 요한복음 11:35), 우리도 동일하게 감정을 표현하도록 부르십니다(여호수아 1:9, 시편 100:1, 이사야 22:12, 에베소서 4:26, 빌립보서 4:4).

하지만 우리 감정은 죄로 부패하고 변질되었습니다. 감정은 우리가 하나님과 맺은 관계뿐만 아니라 그분의 백성과 나누는 교제를

방해하고 위태롭게 할 수 있습니다.

우리의 내면세계는 복잡합니다. 선한 그리스도인들 사이에서도 부정적인 감정을 다루는 방법과 조언하는 방식을 두고 의견이 분분합니다. 그러나 이 책의 취지상 기본적인 내용만 집중해서 다루겠습니다. 성경은 우리가 자신의 감정적 반응에 도덕적으로 책임져야 한다고 강조합니다(레위기 19:17-18, 시편 32:11, 37:4, 106:32-33, 참고. 신명기 32:48-52, 마태복음 5:22, 에베소서 4:26, 31). 관계로 상처 입은 감정이 우리 마음에 아무리 무해하다고 해도, 그 고통에 반응하고 그것을 드러내는 방식에 대해서는 각자가 책임을 져야 합니다. 자기 자신에게 솔직하다면, 상처에 대한 즉각적인 반응이 어디에서 비롯되었는지 알 것입니다. 그러한 반응은 주로 마음 깊숙이 어두운

곳에 도사린 죄악 된 욕망에서 나온 것입니다.

분명히 말하지만, 우리 감정이 죄로 왜곡되어 있다는 사실을 인정한다고 해서 신자가 경험하는 고통스러운 감정 자체를 무시하거나 제한하는 것은 아닙니다. 중요한 것은 그런 감정에 우리가 반응하는 방식입니다. 사람들이 상처를 주었다는 사실이 우리가 지는 도덕적 책임을 면제해주지 않습니다. 캄캄한 어둠 속에서도 의로 이어지는 길은 항상 분명히 눈에 보입니다.

결론적으로 관계의 상처에 대한 우리의 정서적 반응에 외교적 면책 특권을 허용하는 것은 절대 현명하지 않습니다. 우리에게는 다른 사람들의 말이나 행동에 대한 온갖 감정적 반응의 모든 측면을 통제할 힘이 없을 수 있습니다. 그러나 우리는 잘못 반응했을 때 적절히 대처해야 하고,

그럴 때마다 회개해야 할 책임이 있습니다.

지금까지 네 가지 기본적 원칙을 살펴보았습니다. 그리스도의 영광이 가장 중요하다는 것, 관계의 혼란은 피할 수 없다는 사실, 시련을 통해 우리를 견고히 세워주시겠다는 하나님의 약속, 각자에게 감정을 관리할 도덕적 책임이 있다는 사실입니다. 이 기본 원리는 교회 안에서 받는 상처에 적절히 반응해야 한다는 확신을 더욱 공고히 해줍니다.

교회에서 받을 상처에 대비하기 위해 바로 지금 인정해야 하는 사실

첫째, 교회 안의 모든 관계는 궁극적으로 예수 그리스도의 영광을 목적으로 둔다.

—어떤 고통이 찾아와도, 심지어 교회 안에서 고통을 겪더라도 그리스도의 교회 안에 그분의 영광이 드러나기를 무엇보다 더욱 간절히 바라고 구해야 한다.

둘째, 타락한 세상에서 인격적으로 상처받고 모독당하는 일은 피할 수 없다.

—연약한 사람들이 부적절한 행동으로 부정적인 영향을 미친다고 절망할 필요가 없다. 사람들의 잘못으로 고통당하는 것은 타락한 이 세상에서 늘 일어나는 당연한 일이다.

셋째, 우리는 상처로 고통을 겪으며 그리스도 안에서 성장할 수 있다.

—하나님은 허락하신 모든 것, 심지어 고난까지도 믿음을 자라나게 하는 수단으로 삼아 그분의 영광과 우리의 기쁨을 위해 사용하시겠다고 약속하셨다.

넷째, 인간의 감정은 죄로 말미암아 쉽게 왜곡되고 변질된다.

— 우리는 잘못된 반응에 적절히 대처해야 하고, 잘못 반응할 때마다 회개해야 할 책임을 진다.

2.

상처와 좌절의 감정에 성경을 따라 반응하기

앞서 기본적인 사실을 숙지했으므로, 이제는 교회에서 개인적으로 감정이 상하는 일을 겪을 때 어떻게 반응해야 하는지 이야기해보려 합니다.

먼저, 판단을 유보하는 법을 배워야 합니다. 상처 입은 감정은 경주마처럼 출발점에서 쏜살같이 튀어 나가려는 습성이 있습니다. 감정이 상하면 그 즉시 상대방을 격하게 비난하며 판단하고 싶은 유혹을 받습니다. 하지만 감사하게도 성경은 세심하고 침착하게 전후 사정을 살펴볼 수 있도록 정죄를 미루라고 조언합니다. "사연을 듣기 전에 대답하는 자는 미련하여 욕을 당하느니라"(잠언 18:13).

마음에 상처를 받으면 판단력이 흐려져 세부적인 내용을 엉뚱하게 기억하고, 사실을 뒤섞으며, 상대방의 말을 잘못 이해하고, 기억이 분명하지 않은 부분은 자기에게 유리한 방향으로 결론을 내리고 싶은 유혹을 받습니다. 우리는 상대방이 왜 그런 특정한 방식으로 상처를 주었는지를 고민하면서 터무니없고 감정에 치우친 결론을 내리기가 얼마나 쉬운지 경험으로 알고 있습니다.

억울하게 상처를 받았다고 해도 정죄를 미루어야 할 필요가 사라지지는 않습니다. 누군가가 나에게 잘못을 저질렀다는 판단이 나 자신이나 나에게 상처를 준 사람에 대한 정확한 사실 관계를 결정할 절대적인 권리를 보장하지 않습니다. 우리는 시간을 두고 사건의 전후 사정을 더 정확히 이해할 수 있을 만큼 사실이 밝혀지길 기다려야 합니다. 하나님은 진실을 중요하게 생각하시는 분이므로, 그리스도인인 우리는 늘 진리를 따라 살기를 원합니다. 그러므로 성급한 판단과 정제되지 않은 감정 때문에 사실을 있는 그대로 파악하지 못한다면, 우리의 감정이 아무 도움이 되지 않는다는 점을 늘 기억해야 합니다. 누군가가 나에게 피해를 입힐 때, 우리는 성급한 판단을 자제하고 제어하는 법을 배워야 합니다.

둘째, 기도하며 하나님께 의식적으로 자신을 의탁해야 합니다. 예수님은 억울하게 고통당하셨을 때 "위협하지 아니하시고 오직 공의로 심판하시는 이에게 부탁"(베드로전서 2:23)하셨습니다.
상처받거나 모욕당할 때 우리는 육신의 지혜에 의지하며 자신의 힘으로 맞대응하는 일에 골몰하기 쉽습니다. 그러나 오히려 우리는 기도하면서 하나님이 그런 문제들을 해결하시도록 맡겨드려야 합니다. 믿음으로 행하며 육신의 무기를 내려놓고,

기도로써 그 상처를 하늘에 계신 옹호자의 판단에 맡겨드리는 연습을 해야 합니다.

"이 싸움은 나의 싸움이 아니라 하나님의 싸움이다"라고 말하며 스스로 되새겨보기를 권합니다. 그렇게 할 때 우리는 자유와 기쁨을 누릴 수 있습니다. 우리 명예가 아니라 그분의 명예가 중요합니다. 단언하건대 하나님은 모든 일을 해결하실 수 있습니다! 아이작 왓츠가 알려주듯이 "그분은 조금도 흔들림 없는 견고한 왕좌에 앉아 계십니다."†

셋째, 마음속에 있는 욕망을 찬찬히 살펴보아야 합니다. 마음에 상처를 받은 상황에서 자신의 마음을 냉정하게 들여다보기란 결코 쉽지 않습니다. 내면이 상처로 요동치는데 우리 마음을 잠잠히 들여다보는 일은 누구도 하고 싶지 않을

† Isaac Watts, "Keep Silence, All Created Things" (1890), https://hymnary.org.

——— 누군가가 나에게 피해를 입힐 때, 우리는 성급한 판단을 자제하고 제어하는 법을 배워야 합니다.

것입니다. 물론 먼지가 찬찬히 가라앉듯이 분노한 마음이 진정되기를 기다려야 할 수 있습니다. 그런데 영적으로 성숙할수록 맨 처음 상처받고 분노하며 괴로워하는 순간과 자신을 냉철하게 분석하려는 마음이 생기기까지의 시간이 짧습니다. 가능한 한 빨리 이런 어려운 질문들을 스스로에게 던지는 법을 배우기 바랍니다. "이 문제에서 내가 가장 원하는 것은 무엇일까? 이 불쾌한 감정은 어디에서 비롯되었을까? 나의 간절한 바람이 가로막힌 경험이나, 이루고 싶은 목표가 좌절된 일과 연관된 것은 아닐까?"

이런 질문에 답을 내리다 보면 이전에는 몰랐던 근본적인 원인이 드러납니다. 우리의 상처는 대부분 상한 자존심, 이기적 욕심, 고집스레 내려놓지 못하는 자신만의 기준, 훈계를 받지 않으려는 완고한 마음, '나를 포기하지 않는' 아집, 그리고 이와 유사하게 마음속에 자리 잡은 비뚤어진 모습에서 비롯됩니다(참고. 야고보서 4:1-3).

저는 교회에서 개인적으로 받았던 상처가 대부분 제 안에 끈질기게 자리한 죄 때문에 생겼다는 사실을 깨달았습니다. 상처와 모욕감을 부채질한 과도하고 이기적인 욕망을 확인하고 고백함으로 제 영혼은 잠잠히 고요를 누렸고, 그 상처를 해결함으로 또한 유익을 누렸습니다.

——— 상처와 모욕감을 부채질한
과도하고 이기적인 욕망을
확인하고 고백함으로 제 영혼은
잠잠히 고요를 누렸고, 그 상처를
해결함으로 또한 유익을 누렸습니다.

여러분도 이렇게 해볼 것을 권합니다. 분명 저와 같은 유익을 누릴 것입니다.

넷째, 당신에게 상처를 준 사람과 화해하기를 바랍니다. 때로 우리는 상처를 준 사람들에게 잘못을 지적하지 않고 '허물을 덮어주는' 연습을 해야 합니다(잠언 19:11, 참고. 에베소서 4:2, 골로새서 3:13). 상대가 의도치 않게 상처를 준 경우나, 상습적이라기보다는 자신도 모르게 상처를 준 경우가 여기에 해당할 수 있습니다. 용서의 마음을 품을 때 그 사람을 향한 마음에 변화가 생기고, 분노의 마음을 털고 기쁘게 일어날 수 있습니다.

그런데 때로 마음이 계속 괴롭거나 상대방의 영적 상태가 진심으로 염려될 때 혹은 관계 회복이 필요하다는 생각이 들 때, 그 사람과 대면하여 말해야 할 수도 있습니다. 이런 경우에는 마음의 상처를 있는 그대로 모두 표현하거나, 속마음을 후련하게 알려서 기분 전환을 하려고 하거나, 상대방도 똑같이 당해보라는 마음으로 말해서는 안 됩니다. 혹시라도 이런 마음이 남아 있다면 대화를 미루어야 합니다. 상대에게 겸손한 마음을 품고 다가가야 합니다. 그 사람에게 사랑으로 다가갈 수 있는 마음이 들 때까지 기도하며 충분히 시간을 보내기를 바랍니다.

——— 용서의 마음을 품을 때 그 사람을 향한 마음에 변화가 생기고, 분노의 마음을 털고 기쁘게 일어날 수 있습니다.

그런 다음 관계를 회복하겠다는 결심을 품고 그 사람에게 다가가야 합니다(두 번째 방법). 믿기 어렵겠지만 예수님은 상처받은 당사자에게 잘못한 사람과 대화를 시작할 책임을 맡기셨습니다. "네 형제가 죄를 범하거든 가서 너와 그 사람과만 상대하여 권고하라"(마태복음 18:15, 참고. 누가복음 17:3-4). "할 수 있거든 너희로서는 모든 사람과 더불어 화목하라"(로마서 12:18)는 사도 바울의 조언은 수동적일 뿐 아니라 능동적인 순종도

요구합니다. 화해하기 위해 의도적이고 적극적으로 노력하라는 것입니다.

예수님이 우리에게 허락하시지 않은 선택지가 하나 있습니다. 바로 이것도 저것도 아닌 어정쩡한 선택지입니다. 흔쾌히 용서하고 없던 일로 하지도 않고, 상처를 준 사람에게 그 문제를 털어놓고 대화하지도 않는 것입니다. 문제는 이런 선택이 가장 쉽고, 육신을 가장 만족시킨다는 것입니다. 상처를 받으면 화난 감정을 부여안고 계속 머물러 있는 것이 더 편합니다. 아니면 사람들 앞에서 자신에게 상처를 준 사람을 헐뜯으며 그 문제를 알 필요도 없고 관계의 상처를 회복할 능력도 없는 사람들에게 분노를 표출하기 쉽습니다. 자연스럽게 분통을 터뜨리고, 미움을 키우며, 험담하고, 자기 연민에 빠져 아무 노력도 하지 않고 냉랭한 태도를 취하게 됩니다.

또한 우리에게 상처를 준 사람이 사과하기까지 기다릴 때가 태반입니다. "그 사람이 상처를 주었으니 먼저 대화를 시도할 책임은 그 사람에게 있어. 이 일로 상처 입은 사람은 나니까!" 아니면 "나에게 무례하게 행동했다는 사실을 인정하지 않는 건 그 사람이 나를 진심으로 사랑하지 않는다는 증거야. 더 이상 무슨 증거가 필요해?"라고 말합니다. 관계에 대한 이런 식의 태도는 그 사람의 영혼에 독이 됩니다. 교회의 하나 됨을 해칩니다. 이는 그리스도의 몸 된 지체로서 우리가 받은 고귀한 사명, 즉 "평안의 매는 줄로 성령이 하나 되게 하신 것을 힘써 지키라"(에베소서 4:3)는 권면과 완전히 어긋나는 태도입니다.

예수님은 다른 사람들이 자신의 마음을

읽어주기를 기대하고, 자신의 감정을 정확히 이해하라고 강요하는 것이 어리석다고 보셨습니다. 또한 아무 말도 하지 않고 홀로 그 감정을 끌어안고 있는 태도도 책망하셨습니다. "네 형제가 죄를 범하거든 가서…"라고 말씀하신 이유 역시 이 때문입니다. 이 세상은 솔직하게 사랑의 대화를 나누라고 권고하지 않습니다. 하지만 우리는 세상의 제자가 아닙니다(요한일서 2:15-17).

상처를 준 사람들과 화해하려면, 상처 입은 감정을 부여잡고 놓지 않으려는 마음보다 예수님과 그분의 교회를 사랑하는 마음이 더 커야 합니다. 예수님을 향한 사랑은 성령님이 함께하심으로 감사의 마음을 주셔야 생겨납니다. 곧, 주님이 나를 포기하시지 않고 뒤쫓으시고, 외면하시지 않고 깊은 관계를 맺으시며, 거부하시지 않고 구속해주신 것에 감사할 때 그러한 사랑이 우러나옵니다(로마서 3:9-18, 5:8-11). 그리스도를 향한 열정은 관계의 장벽을 높이 세우는 일에 열중하는 데서 벗어나 그분의 발자취를 따라가고자 하는 마음을 불러일으킵니다.

다섯째, 용서하기 위해 애써야 합니다. 상처를 준 사람에게 먼저 손을 내미는 이유는 궁극적으로 용서하고 화해하기 위해서입니다. 주 안에서 한 지체인 교인에게 다가갈 용기를 내는 것은 지극히 어려운 일일 수 있습니다. 용서는 훨씬 더 어려울 것입니다.

그러나 그리스도의 제자인 우리는 하나님께 용서받은 죄인이라는 사실을 인정하기 때문에 복음을 통해 다른 사람들을 용서할 힘을 얻습니다. 우리는 그리스도의 화목하게 하시는 은혜를 받은 사람입니다. 그러므로 우리에게는 불신자에게 없는 이점이 있습니다. 복음은 우리에게 죄를 지은 사람들을 용서하고자 하는 강력한 동기를 제공합니다(마태복음 18:23-35).

복음은 또한 정의를 향한 우리의 갈망을 채워줍니다. 첫째, 우리는 형제자매가 우리에게 저지를 수 있는 모든 죄에 대한 대가를 완전히 지불하시기 위해 그리스도가 죽으셨음을 알고 있습니다(로마서 4:4-8, 8:1, 골로새서 2:13-14). 둘째, 우리는 마지막 날에 모든 육신을 심판하실 재판장이 완전한 심판을 시행하실 것을 알고 있습니다(시편 9:7-8, 고린도전서 4:1-5, 고린도후서 5:10). 이 심판에서 면제받을 사람이 아무도 없음은 분명합니다. 우리는 이 두 가지 진리로 안식을 누릴 수 있고, 다른 죄인들과 관계를 맺을 때 이 진리를

> ——— 그리스도의 제자인 우리는 하나님께 용서받은 죄인이라는 사실을 인정하기 때문에 복음을 통해 다른 사람들을 용서할 힘을 얻습니다.

따라 믿음으로 행동하기로 결단해야 합니다.

또한 성경이 말하는 용서의 공동체적 측면을 분명하게 생각해야 합니다. 용서는 용서하지 않으려는 유해한 감정에서 우리 영혼이 벗어나기 위한 일방적인 과정이 아닙니다. 용서의 최종 목표는 우리의 기분이 홀가분해지는 것이 아닙니다. 용서의 목표는 화해입니다. 화해는 본질적으로 관계적인 일입니다. 그러므로 개인적으로 해방감을 느끼기 위해 용서하는 것이 아닙니다. 용서는 그리스도의 몸이 하나 되는 일과 관련되어 있고, 관계의 회복을 도모하기 위해 이루어져야 합니다. 이렇게 용서하기 위해 노력할 때 신실한 조언자의 도움이 필요할 수 있습니다. 이는 필수적인 일은 아니지만, 그리스도 안의 신실한 형제자매가 곁에서 거룩한 조언을 해주며 함께 화해의 과정을 헤쳐나간다면 큰 힘이 될 것입니다.

지금까지 말한 방법을 따라 상처에 반응한다고 해서 그 고통이 사라지지는 않습니다. 만약 여기서 한두 가지를 실천하여 회개하고 죄에서 벗어났다면, 하나님께 감사와 찬양을 돌리기 바랍니다. 그러나 많은 경우 고통은 계속될

——— 용서의 최종 목표는 우리의
기분이 홀가분해지는 것이 아닙니다.
용서의 목표는 화해입니다.

것입니다. 사실 앞서 제안한 다섯 가지를 실천하면 오히려 더 힘들어질 수 있습니다. 그렇다면 어떻게 해야 할까요? 이제 교회에서 경험하는 관계의 상처에 복음을 따라 성숙하게 반응하는 방법을 살펴봅시다.

상처와 좌절의 감정에 성경을 따라 반응하는 방법

첫째, 판단을 유보하기.

—감정이 상하면 판단력이 흐려지기 때문에 상황과 내 마음을 제대로 이해할 수 있을 때까지 판단을 미루어야 한다.

둘째, 기도하며 하나님께 의식적으로 자신을 의탁하기.

—믿음으로 행하며 육신의 무기를 내려놓고, 기도로써 그 상처를 하늘에 계신 옹호자의 판단에 맡겨드리는 연습을 해야 한다.

셋째, 마음속에 있는 욕망을 찬찬히 살펴보기.

—상처는 대부분 상한 자존심, 이기적 욕심, 고집스레 내려놓지 못하는 자신만의 기준, 훈계를 받지 않으려는 완고한 마음 등 내 안의 비뚤어진 모습과 연관되어 있다.

넷째, 상처를 준 사람과 화해하기.

—사랑과 겸손으로 상대에게 다가갈 수 있을 때 적극적으로 화해하려고 노력해야 한다.

다섯째, 용서하기 위해 애쓰기.

—내가 홀가분해지기 위해서가 아니라, 우리가 하나님께 용서받은 죄인임을 인정하며 복음을 기반으로 나에게 잘못한 사람을 용서해야 한다.

3.

교회에서 상처 입은 마음 보살피기

교회에서 상처 입은 마음을 회복하기 위해 다섯 가지를 실천해볼 수 있습니다. 첫째, 상처를 직면하고 가능한 한 정확하게 그 상처를 복기해보아야 합니다. 정체가 불분명한 두려움은 그 공포감이 두 배가 됩니다. 시편 기자들은 자신이 받는 고통을 무시하거나 축소하거나 회피하지 않았고, 고통을 견뎌내는 것을 자랑하지도 않았습니다. 고통에 직면해서 그 고통을 표현했습니다.†

그리고 구체적으로 그 고통을 다루었습니다.

거대한 유령의 그림자가 너울거리듯이 모호하게 말하지 않았습니다. 그들은 고통의 원인을 명확히 알았고, 그 고통을 구체적으로 표현했습니다. 예를 들어, 시편 69편 4절에서 다윗은 원수들이 까닭 없이 자신을 미워하고, 거짓말을

† 여기에서는 Walter C. Kaiser의 책 *A Biblical Approach to Personal Suffering*(Chicago: Moody Press, 1982)에 나온 이 주제에 대한 보다 충실한 해설을 자주 인용했다.

만들어내 자신을 공격한다고 탄식합니다. 모호하고 형체가 없는 마음의 고통은 실제로 침대 밑의 귀신보다 더 거대한 악마처럼 우리를 괴롭힐 수 있습니다. 상처와 고통을 구체적으로 표현하면 그 상처를 해결하는 데 도움이 됩니다(참고. 시편 142:1-4, 143:3-4).

고통을 구체적으로 표현하면, 슬픔에 빠져 허우적거리지 않고 고통이 우리 마음에서 전지전능한 지위를 차지하지 않도록 막을 수 있습니다. 또한 우리의 사소하고 작은 이야기가 하나님의 거대한 구속의 이야기에 연결되어 모든 일을 하나님의 시각으로 바라볼 수 있게 됩니다.

둘째, 인내하고 기대하는 마음으로 구원을 기다려야 합니다. 오직 하나님만이 영원하신 분입니다. 우리가 받은 상처는 결코 영원히 위력을

——— 고통을 구체적으로
표현하면, 슬픔에 빠져 허우적거리지
않고 고통이 우리 마음에서
전지전능한 지위를 차지하지 않도록
막을 수 있습니다.

발휘할 수 없습니다. 우리는 고통이 끝날 시기를 결정하거나 조종할 수는 없습니다. 그러나 어떤 시련도 하나님의 은혜를 막을 수 없다는 사실을 알고 기뻐할 수 있습니다. 시편 40장 1-2절에서 다윗 왕은 이렇게 찬양합니다.

> 내가 여호와를 기다리고 기다렸더니
> 귀를 기울이사 나의 부르짖음을 들으셨도다
> 나를 기가 막힐 웅덩이와 수렁에서 끌어올리시고

내 발을 반석 위에 두사
내 걸음을 견고하게 하셨도다.

다윗은 '기다리고 기다렸습니다.' 이것은 '능동적인' 기다림입니다. 다시 말해, 다윗은 아무 일도 하지 않고 스마트폰만 들여다보며 시간을 흘려보내는 식으로 기다리지 않았습니다. 다윗이 말하는 기다림은 건져주심을 기대하며 고난을 견디는 것입니다. 마치 궁수가 활을 쏘라는 지휘관의 명령을 기다리며 활시위를 팽팽하게 당긴 상태로 대기하는 것과 같습니다. 우리는 모든 상처가 즉시 사라지기를 원합니다. 하지만 우리는 능동적으로 기다리는 훈련을 해서 기다림을 몸에 익혀야 합니다. 비록 예수님이 오실 때까지 기다리는 한이 있더라도 말입니다.

셋째, 자신의 목소리에 귀 기울이는 일을 멈추고 스스로에게 말하는 일을 시작해야 합니다. 20세기의 탁월한 설교자 마틴 로이드 존스가 한 유명한 말이 있습니다. "인생의 불행은 대부분 자신에게 말하지 않고 자신의 말을 귀 기울여 듣고 있기 때문임을 알고 있습니까?" 그는 이어서 이렇게 말했습니다. "영적인 삶에서 가장 중요한 기술은 자신을 다루는 법을 아는 것입니다. 자신을 장악할 줄 알아야 합니다. 자신에게 이야기하고, 설교하며, 질문해야 합니다."†

참 유익한 조언입니다. 마음에 상처를 입고 괴로워하고 있다면 하나님이 성경을 통해 계시하신 진리를 묵상하고, 자신의 영혼을 향해 그 진리를 선포하기를 바랍니다. 시편 기자들은 이런 식으로 '스스로에게 권면할' 때가 많았습니다.

† Martin Lloyd-Jones, *Spiritual Depression: Its Causes and Cure* (Grand Rapids, MI: Eerdmans, 1965), 20-21. 『영적 침체』(복 있는 사람).

"내 영혼아 네가 어찌하여 낙심하며…."

_시편 42:5, 43:5

"나의 영혼아 잠잠히 하나님만 바라라."

_시편 62:5

"내 영혼아 여호와를 송축하라."

_시편 103:1, 104:1

"내 영혼아 네 평안함으로 돌아갈지어다."

_시편 116:7

상처받고 괴로워할 때 우리의 감정들은 자신을 달래는 메시지를 들려주기 시작합니다. 그리고 우리 마음이라는 거대한 스크린에 '그렇게 했다면 좋았을 텐데'(if only)라는 영화를 상영하도록 우리를 부추깁니다. '이렇게만 말했어도 괜찮았을 텐데. 그 여자가 그 말만 안 했어도 이렇게 되지 않았을 텐데. 장로들이 더 현명하게 처신만 했어도 이 지경이 되지는 않았을 텐데. 더 많은 사람이 그 징후를 알아차리고 거부했다면 괜찮았을 텐데. 그 일을 건너뛰기만 했어도 아무 일이 없었을 텐데…….' 이것이 자기 연민이든, 지난 일을 후회하며 속앓이하는 마음이든, 혹은 이와 비슷한 수천 가지 생각 중 하나든 상관없습니다. 상처받은 마음이 선곡한 노래를 마음껏 부르게 놔두는 것은 현명하지 않습니다.

그 대신 스스로에게 선포하며 설교하는 법을 배워야 합니다.

다시 말하지만 시편 곳곳에서 이런 모습을 확인할 수 있습니다. 시편 기자들은 아픔을 솔직하게 표현하며 괴로움을 토로합니다. 하지만 그런 고통의 절규와 탄식 후에는 대체로 '그러나 하나님'으로 시작하는 소망을 피력합니다.

이런 초점의 변화는 구속사에 나타난 하나님의 구원 역사(시편 22:1-5, 77:10-15, 85:1-7), 그분의 속성(115:1-11, 116:1-7), 혹은 그분의 약속(119:50-51)을 회상하는 것을 통해 표현됩니다. 우리 영혼의 내실에서 울려 퍼지는 하나님의 음성은 그 무엇으로도 대체할 수 없습니다.

영국 청교도인 윌리엄 구지(William Gouge, 1575-1653)는 고난 중에 자신에게 복음을 선포하는 법에 대해 누구보다 숭고하고 아름다운 모범을 보여주었습니다. 자신에게 찾아온 인생의 극심한 시련을 묵묵히 감내하며 그는 이런 고난이 하나님의 사랑에서 자신을 끊을 수 없다고 스스로 일깨웠습니다. 그는 "이렇게 온갖 고난을 당해도 지옥이나 하나님의 진노처럼 무서운 고통은 없다"라고 적었습니다.† 구지의 전기 작가는 고통이 아무리 심각해도 그 궁극적인 목적을 이해하지 못할 만큼 극심하지는 않다고 믿는 그의 모습을 전합니다. 아무리 무서운 고통 속에서도 그는 자신에게 이렇게 선포했습니다. "내 영혼아, 잠잠하라. 영혼아 잠잠히 기다리라. 이런 상황을 명하신 이는 네 하나님 아버지시다. 너는 그분이 빚으시는 진흙이니 그가 기뻐하시는 뜻대로 너를 밟고 반죽하실 것이다. 너는 이보다 더한 일을 당해도 마땅한 자다. 지옥에서 건짐받은 것만으로도 족하다."‡

망가진 세상에서 복음의 연고를 상처에

† Mark Dever, *The Message of the Old Testament: Promises Made* (Wheaton, IL: Crossway, 2006), 618. 『구약 성경의 핵심 메시지』(부흥과 개혁사). 그 책에서 James Reid, *Memoirs of the Westminster Divines*, 2 vols. (Paisley, UK: Stephen and Andrew Young, 1815), 1:358을 인용함.

‡ Dever, *The Message of the Old Testament*, 618에 인용된 Reid, *Memoirs of the Westminster Divines*, 1:358.

바르는 데 능숙한 영혼은 자연스럽게 그러한 확신에 이를 수 있습니다. 상처 입은 감정으로는 복음의 소망을 향해 나아갈 수 없습니다. 그러나 하나님이 계시해주신 말씀을 묵상하면 복음의 소망을 향해 나아갈 수 있습니다.

넷째, 하나님이 듣지 않으시는 것 같을 때도 포기하지 말고 기도해야 합니다. 오히려 하나님이 듣지 않으시는 것처럼 보일 때 특별히 더 기도해야 합니다. 한 노 설교자가 말했듯이 "하나님이 귀를 막고 계실 때 나는 절대 입을 닫고 있지 않겠다고 결심해야 합니다."†

성경은 하나님이 악을 비롯하여 이 세상에서 일어나는 모든 일을 주권적으로 다스리신다고 분명하게 가르칩니다(창세기 15:12-16, 50:15, 18-20, 사사기 14:1-4, 열왕기상 22:1-23, 욥기 1:1-2:10, 에베소서

† George Swinnock의 말. Charles Spurgeon, *Treasury of David*, 1:156에 인용됨. 『설교의 황제 스펄전의 시편강해』(생명의 말씀사).

——— 상처 입은 감정으로는 복음의 소망을 향해 나아갈 수 없습니다. 그러나 하나님이 계시해주신 말씀을 묵상하면 복음의 소망을 향해 나아갈 수 있습니다.

1:11). 시편 기자들은 이 진리를 확신하며 하나님이 자기 백성의 기도를 들으신다는 사실을 믿음으로 말미암아 고난 중에 위로를 받았고, 그것이 기도의 내용과 방향을 결정했습니다.

다윗 왕은 내면의 혼란과 외부의 공격 속에서 "여호와여 어느 때까지니이까 나를 영원히 잊으시나이까"(시편 13:1)라고 부르짖었습니다. 다윗은 아무리 기도해도 응답을 받지 못했습니다. 그는 주님이 자신을 잊으시고 버리셨다는 생각이 들었습니다. 하지만 포기하지 않고 계속 기도했습니다. 놀랍게도 다윗은 주님이 "내게 은덕을 베푸심이로다"(시편 13:6)라는 찬양으로 기뻐하며 이 시편을 마무리합니다.

다윗은 괴롭고 버림받았다고 느끼던 상태에서 승리의 찬양을 드리는 상태로 변화된 과정을 세세히 설명하지 않습니다. 이 과정은 오랜 시간이 걸렸을 수도 있습니다. 고난을 겪으며 하나님께 버림받았다고 느끼는 절망의 계절에는 그 긴 터널의 끝이 보이지 않습니다. 그러나 시편 13편의 다윗처럼 우리는 주님의 빛나는 얼굴을 다시 보게 될 것입니다. 그때까지 보호하시는 주님의 날개 아래 안전히 거하며 기도하고 그분을 신뢰하는 여러분이 되기를 바랍니다.

다섯째, 간절한 마음으로 인내하며 그분의

영광을 구해야 합니다. 마지막 날에 소망을 두어야 합니다. 그리스도의 오심을 묵상하는 것이 눈앞의 고난을 해결해주지는 않습니다. 하지만 소망을 버리지 않도록 도와줍니다. 죄와 사탄이 패배할 날이 분명히 올 것입니다. 그날에 예수님은 최후의 심판을 시행하시고, 거룩하고 무오한 기준에 따라 상을 주실 것입니다(고린도전서 4:3-5, 고린도후서 5:10). 우주의 보좌 앞에서 이루어질 마지막 심판을 고대하며 바로 지금 행동해야 합니다.

'고난 뒤에 찾아올 영광'이라는 글귀를 잘 보이는 곳에 붙여두기를 권합니다. 사무실 책상이나 욕실 거울에 붙여두어도 좋습니다. 고난 뒤에 영광이 따릅니다. 신앙 생활이 이런 것입니다. 예수님도 같은 길을 가셨고, 제자들에게도 고난 끝에 영광이 오리라는 약속을 주셨습니다.

그러므로 고난이 찾아왔을 때 놀라지 말고 오직 영광을 바라보아야 합니다. 예수님도 정확히 그렇게 하셨습니다. "그는 그 앞에 있는 기쁨을 위하여 십자가를 참으사 부끄러움을 개의치 아니하시더니"(히브리서 12:2).

교회에서 상처 입은 마음을 보살피는 방법

첫째, 상처를 직면하고 가능한 한 정확하게 그 상처를 복기해보기.

—고통을 구체적으로 표현하면, 슬픔에 빠져 허우적거리지 않고 고통이 우리 마음에서 전지전능한 지위를 차지하지 않도록 막을 수 있다.

둘째, 인내하고 기대하는 마음으로 구원을 기다리기.

—고통이 끝날 시기를 정할 수 없기에 다윗처럼 하나님이 건져주시기를 기대하며 고난을 견뎌야 한다.

셋째, 자신의 목소리에 귀 기울이는 일은 멈추고 스스로에게 말하기.

—하나님이 계시하신 진리를 묵상하고 자신의 영혼을 향해 그 진리를 선포하면, 복음의 소망을 향해 나아갈 수 있다.

넷째, 하나님이 듣지 않으시는 것 같을 때도 포기하지 않고 기도하기.

—시편 13편의 다윗처럼 우리는 결국 주님의 빛나는 얼굴을 다시 보게 될 것이다. 그때까지 보호하시는 주님의 날개 아래 안전히 거하며 기도해야 한다.

다섯째, 간절한 마음으로 인내하며 그분의 영광을 구하기.

—그리스도의 오심을 묵상하는 것은 눈앞의 고난을 해결해주지는 않지만, 소망을 버리지 않도록 도와준다.

4.

좌절, 우리를

성화의 길로 이끌다

여기까지 읽은 사람은 이렇게 말할지도 모릅니다. "그래요. 다 맞는 말이에요. 하지만 내 마음은 여전히 아프고 힘들어요. 다 엉망이 되어버렸어요. 어떤 일이 있어도 이 사실은 바뀌지 않을 거예요. 교회 때문에 그동안 겪은 슬픔이 너무 커서 절망스러워요."

교회는 보호를 받고자 달려가는 곳이지만, 좌절과 고통을 맛보는 장소가 될 수도 있습니다. 그 고통은 실제적이고 극심합니다. 하지만 그 고통이 하나님께 더욱 가까이 나아가도록 계획된 주님의 선물일 수 있음을 생각해보기를 바랍니다.

예수님이 채찍으로 성전 뜰을 정화하신 것처럼, 우리 마음속 우상들을 끝까지 쳐부수실 입니다. 그분은 지역 교회라는 환경에서 경험하는 쓰라린 좌절을 통해 우리가 마음에 모셔두었던 안락함과 편안함의 우상을 거꾸러뜨리시고, 관계에서 얻었던 확신과 인정의 우상을 무너뜨리실 수 있습니다. 예수님이 좌절이라는 고통을 사용하셔서 우리가 우상으로 섬기는 관심사와 육신의 욕망을 뿌리 뽑고 계실 때, 우리는 그것을 분별하기는커녕 인정하기조차 쉽지 않습니다. 그러나 우리가 속해 있는 지역 교회에서 아픔이 찾아올 때마다 그것이 우리 마음속 우상 때문은 아닐지 조심스럽게 고민해보아야 합니다.

이 주제와 관련하여 생각할 거리를 주는 유익한 책이 많습니다. 그중에서도 디트리히 본회퍼의 고전적 저서인 『말씀 아래 더불어 사는 삶』을 추천합니다. 이상하게 들릴지 모르지만, 본회퍼는 믿음의 공동체에 대한 환상에서 조금씩 깨어날 때 우리에게 유익이 있다고 말합니다. 이런

—— 예수님은 쓰라린 좌절을 통해 우리가 마음에 모셔두었던 안락함과 편안함의 우상을 거꾸러뜨리시고, 관계에서 얻었던 확신과 인정의 우상을 무너뜨리십니다.

상황에서 '유익'이라는 단어가 선뜻 이해하기 어려울 수 있습니다. 하지만 그의 논리적 추론은 분명하고 명확합니다.†

지역 교회가 상처의 원인이 될 때 우리는 자연스럽게 환상에서 깨어나게 됩니다. 이로 인한 실망감과 쓰디쓴 좌절을 맛본 우리는 교회를 원수처럼 생각하기가 쉽습니다. 하지만 지혜롭게 관리하면, 실망과 좌절은 비극적이지만 유익한

† Dietrich Bonhoeffer, *Life Together*, 번역. John W. Doberstein (New York: Harper and Row, 1954), 26-30, 93. 『말씀 아래 더불어 사는 삶』(아인북스).

역할을 할 수 있습니다. 영혼을 정결하게 하는 고통이 될 수 있습니다. 간단히 말해, 좌절은 우리를 착각에서 해방해줍니다. 그동안 믿었던 거짓말의 풍선을 터뜨리는 핀이 되는 것입니다.

타락한 상태의 우리는 때로 착각과 오해를 사실이라고 믿고 잘못된 행동을 하기도 합니다. 그러나 착각을 따라 산다면 거짓된 삶을 살게 될 뿐만 아니라 위험에 빠지기 쉽습니다. 이를테면, 조폭의 어린 아들은 아버지가 용감하고 성실한 사람이라는 착각으로 잠시 행복할 수 있습니다. 하지만 궁극적으로 이런 환상이 무너지지 않는다면 아버지의 뒤를 따라 범죄자의 인생을 살지도 모릅니다. 환상을 지나치게 오래 품고 있으면 영혼이 심각한 손상을 입을 것입니다.

중요하고 의미 있는 관계의 초기 단계에서는

—— 좌절은 우리를 착각에서 해방해줍니다. 그동안 믿었던 거짓말의 풍선을 터뜨리는 핀이 되는 것입니다.

착각이나 환상에 빠지기 쉽습니다. 신혼부부는 서로에게뿐만 아니라 결혼 생활 전반에 환상을 품을 수 있습니다. '남편이 내게 상처를 주는 일은 절대 없을 거야. 이제 영원히 행복하게 살 수 있을 거야.' 갓 신앙생활을 시작한 신자들은 새로 다니게 된 교회에 환상을 갖습니다. '이 교회 목사님들은 절대 내가 원하지 않는 결정을 내리지 않을 거야.' '이 공동체는 사랑이 풍성해서 절대 내가 낙심할 일은 없을 거야.' '이 교회 설교는 정말 성경적이야.

이상한 설교 때문에 실망할 일은 절대 없을 거야.'
그러나 이런 착각은 결국 현실 앞에서 여지없이 무너져내립니다. 완벽한 결혼 생활에 대한 환상처럼 이상적인 교회에 대한 환상은 결국 무너지게 되어 있습니다.

이런 일을 겪을 때 우리는 자신에게 좌절을 안겨주었다고 생각하는 사람들을 비난하곤 합니다. 실망감으로 화가 나서 어쩔 줄을 모릅니다. 심지어 그들을 이전처럼 계속 좋아하기가 어렵습니다. 그러나 우리는 낙심을 틈타 죄를 짓게 하는 유혹에 맞서야 합니다. 특별히 보복성 분노나 관계 단절, 냉소와 비난의 태도, 우월감이나 한없는 절망에 빠지지 않도록 스스로 경계해야 합니다. 그 대신 우리는 이러한 고통을 하나님이 예비하신 영적인 상을 받기 위해 반드시 통과해야 할 성결의 골짜기로 보고 그 가치를 깨달아야 합니다. 쓰라린 좌절이 주는 고통을 소중히 여기는 법을 배워야 합니다.

착각이 아닌 진실에 기초한 사랑, 즉 진정한 사랑은 교회에서 우리를 낙심하게 하는 모든 죄인을 향해 이렇게 말하게 합니다. "당신은 지금 모습 그대로 하나님이 주신 선물입니다. 내 환상 속에 존재하는 당신이 아니라 있는 그대로의 당신을 사랑합니다." 본회퍼가 말한 대로 성경에 따른 기대를 품고 진리에 따라 산다면 "요구하는 사람이 아니라 감사함으로 받는 자로서" 교회에 들어갈 수 있을 것입니다.†

교회 공동체의 실제 모습이 아닌 이상적인 모습을 꿈꾸며 그것만을 쫓는다면, 우리는 환상을 우상화하고 하나님이 실제로 주신 선물을 거부하게

† Bonhoeffer, *Life Together*, 28. 『말씀 아래 더불어 사는 삶』(아인북스).

됩니다. 착각을 버리고 환상을 내려놓을 때 우리는 서로를 위한 진정한 사랑의 푸른 들판으로 나아갈 수 있습니다. 오래 참고 견뎌서 땀 흘려 얻은 사랑 말입니다. 또한 애통하는 자에게 축복을 약속하신 주님과 더 아름다운 교제를 누릴 수 있습니다(마태복음 5:4).

우리는 무너지고 망가진 세상에 살고 있습니다. 이런 상태는 우리가 다니는 지역 교회도 결코 예외가 아닙니다. 그러나 그리스도인인 우리는 온전한 회복이 기다리고 있음을 믿습니다(로마서 8:18-30). 그날이 오면 우리는 믿음을 눈으로 보게 될 것이고, 모든 고통은 영원히 사라질 것입니다.

그때까지 하나님은 그분의 영광을 기다리고 견디며 오래 참는 길로 우리를 부르십니다. 이런 오래 참음에는 교회 안의 고통스러운 관계도

—— 착각을 버리고 환상을 내려놓을 때 우리는 서로를 위한 진정한 사랑의 푸른 들판으로 나아갈 수 있습니다.

포함됩니다. 이런 부르심이 무겁고 벅차게 느껴질 수도 있습니다. 하지만 우리 주님은 절대 우리를 떠나거나 버리지 않겠다고 약속하셨습니다(요한복음 10:7-30, 히브리서 13:5). 예수님은 끝까지 우리와 늘 함께해주십니다. 이 진리를 알면 모든 것이 달라집니다. 오늘도 내일도 영원히 말입니다.

추천 도서

Dietrich Bonhoeffer, *Life Together*, 번역. John W. Doberstein (New York: HarperCollins, 1978). 『말씀 아래 더불어 사는 삶』(아인북스).

C. S. Lewis, *The Problem of Pain* (1940; repr., New York: HarperCollins, 1996). 『고통의 문제』(홍성사).